Las Cenizas del Amor

Si este libro le ha interesado y desea que lo mantengamos informado de nuestras publicaciones, puede escribirnos a comunicacion@editorialsirio.com, o bien suscribirse a nuestro boletín de novedades en: www.editorialsirio.com

Título original: Ashes of Love
Traducido del inglés por Diego Merino Sancho
Diseño de portada: Editorial Sirio, S.A.

EDITORIAL SIRIO, S.A.
C/ Rosa de los Vientos, 64
Pol. Ind. El Viso
29006-Málaga
España

NIRVANA LIBROS S.A. DE C.V.
Camino a Minas, 501
Bodega nº 8,
Col. Lomas de Becerra
Del.: Alvaro Obregón
México D.F., 01280

DISTRIBUCIONES DEL FUTURO
Paseo Colón 221, piso 6
C1063ACC
Buenos Aires
(Argentina)

www.editorialsirio.com
sirio@editorialsirio.com

I.S.B.N.: 978-84-16579-52-5
Depósito Legal: MA-517-2016

Impreso en Imagraf Impresores, S. A.
c/ Nabucco, 14 D - Pol. Alameda
29006 - Málaga

Impreso en España

Puedes seguirnos en Facebook, Twitter, YouTube e Instagram.

RUPERT SPIRA

Las Cenizas del Amor

Aforismos sobre la esencia de la No-dualidad

editorial Sirio

Sé tan solo Ser.
Conoce tan solo Conocer.
Ama tan solo Amar.

Prólogo

Qué extraño.

Podemos consumirnos.

Qué extraño y qué asombroso; podemos consumirnos de pies a cabeza y, aun así, sentirnos absolutamente colmados.

Cada estrofa de este libro es una antorcha abrasadora. Acercarse de verdad, con confianza y apertura, es prenderle fuego a toda esa maraña de creencias e ilusiones que nos mantienen en un estado de tranquila desesperación que hemos llegado a considerar inevitable. Cada estrofa de este libro reduce a cenizas lo que no somos y revela lo que somos.

✧✧✧✧

Somos la libertad misma, la alegría sin causa y la paz sin enemigo. Más aún (y resulta tan chocante...), para empezar jamás hemos estado limitados.

Este libro es una sublimación de penetrantes afirmaciones recogidas de las muchas enseñanzas de Rupert Spira, adoptando en ocasiones la musicalidad del haiku, la precisión y sobriedad de una instrucción profunda o la fuerza de convicción de un discurso. Pero, independientemente de su forma, todas ellas contienen la riqueza de su enseñanza completa.

Tan solo podemos maravillarnos ante la naturaleza simple y sin esfuerzo del redescubrimiento de la verdad que llevamos dentro. Porque no hay nada que hacer; se hace sin nosotros, en el simple soltar de todo lo que se puede soltar. De hecho, vemos que el mayor esfuerzo consiste en estar constantemente creando y manteniendo una ilusión, la ilusión de creer que somos una entidad separada, a pesar de la evidencia de nuestra experiencia real de identidad universal y sin división.

De este modo, las ideas sin fundamento y las creencias que adoptamos sin cuestionarlas son quemadas y convertidas en cenizas, y su cremación se siente como una disolución. Sin que lo notemos realmente, el entendimiento se va extendiendo dentro de nosotros y toma posesión total del territorio en un amplio barrido que no es un movimiento de la mente sino una ola de amor.

Porque el amor está totalmente presente aquí. El amor es el personaje principal de este libro, porque el amor es el corazón de lo que somos.

Rupert Spira es un artista. Esculpe las palabras en formas condensadas de pura inteligencia a las que no hay que añadir ni quitar nada. Cincela nuestro entendimiento hasta que se convierte en pura luz, pura llama.

Los buscadores de la verdad que estén familiarizados con su enseñanza encontrarán su esencia en este libro: conciso, cortante como un diamante, abrumador con sus increíbles y elevados razonamientos, a la vez que nos inunda con su amor incondicional. Otros se sorprenderán con la claridad y profundidad de la Realidad tal como es expresada por este maestro del Advaita y serán iluminados al comenzar a vislumbrar una revolución en su interior.

MONIQUE PROULX,
enero de 2013

Introducción

La Consciencia y la luz del puro Conocer

En *Las cenizas del amor*, tanto la palabra *consciencia* como la expresión *la luz del puro Conocer* hacen referencia a nuestra verdadera naturaleza. Aunque ambas aluden a la misma experiencia sin objeto –el conocimiento de nuestro propio Ser como esencialmente es– y por lo tanto son idénticas, se emplean en dos contextos distintos para indicar diferentes etapas de la comprensión. Lo que sigue es una descripción de estas dos etapas que clarifica el contexto en el que las expresiones aparecen en este libro.

Desde el punto de vista convencional, se cree que la experiencia está compuesta por dos elementos esenciales: un sujeto –el cuerpo-mente– y un objeto –las cosas, los demás y el mundo–. Por este motivo, podríamos llamar a esta visión de la experiencia Dualidad Convencional, en la cual está implícita la relación sujeto-objeto.

En la Dualidad Convencional, se cree que el cuerpo-mente –el sujeto de la experiencia– conecta con las cosas, los demás y el mundo –los objetos de la experiencia– mediante un acto de conocer, sentir o percibir. De ese modo, se considera que el cuerpo-mente es *consciente*, y que «las cosas, los demás y el mundo» son aquello *de lo cual* «yo», el cuerpo-mente *soy consciente*. Esta creencia es la asunción fundamental en la cual está basada nuestra cultura mundial y es encumbrada en nuestro lenguaje con frases como «yo conozco esto y lo otro», «yo te quiero», «yo veo el árbol». En todos los casos, hay un sujeto, «yo», que conoce, siente o percibe un objeto –«tú» o «ello»–. De hecho, esta creencia está tan integrada en nuestra cultura que la mayoría de la gente no lo considera en absoluto una creencia, sino que lo asume ciegamente como una verdad absoluta.

Como un primer paso hacia la comprensión de la verdadera naturaleza de la experiencia, las enseñanzas no duales señalan que no es el «yo», el *cuerpo-mente*, el que es consciente de las cosas, de los demás y del mundo, sino que es el «yo», *Consciencia*, el que es consciente del cuerpo y de la mente, así como de las cosas, de los demás y del mundo. De este modo, el cuerpo y la mente son entendidos como *objetos* de la experiencia, no como el *sujeto*.

En este caso, se entiende que el sujeto o el conocedor de la experiencia no está hecho de nada objetivo, como pudiera ser un pensamiento, una imagen, un sentimiento, una sensación o una percepción; está simplemente presente y consciente, y por lo tanto nos referimos a él como «Consciencia».[1]

---

1. N. del T.: en inglés, se emplea la palabra *Awareness* (Consciencia); el sufijo *-ness* significa «el estado, ser o presencia de». Por lo tanto, *Awareness* quiere decir «el estado de ser consciente», o simplemente «ser consciente» o «el Ser consciente».

Al no tener ninguna característica objetiva, se dice que el sujeto de la experiencia –pura Consciencia– está inherentemente vacío: vacío de pensamientos, imágenes, sentimientos, sensaciones y percepciones; transparente, sin color, sin forma, imperceptible y, en última instancia, inconcebible; sin embargo, si queremos poder hablar o escribir sobre la naturaleza última de la experiencia, no nos queda más remedio que hacer una concesión y concebirlo provisionalmente.

El proceso mediante el cual descubrimos que no es el «yo» como *cuerpo-mente* el que es consciente de las cosas, de los demás y del mundo, sino que es el «Yo» como *Consciencia* el que es consciente del cuerpo y la mente, así como de las cosas, los demás y el mundo, es denominado en ocasiones *neti-neti:* no soy esto, no soy aquello. No soy mis pensamientos; soy *consciente* de mis pensamientos. No soy mis sentimientos; soy *consciente* de mis sentimientos. No soy mis sensaciones corporales; soy *consciente* de mis sensaciones corporales. No soy mis percepciones –visiones, sonidos sabores, texturas y olores–; soy *consciente* de mis percepciones.

Así, el *neti-neti* es un procedimiento de discriminación o exclusión, mediante el cual vamos de la creencia de que soy «algo» –una mezcla de un cuerpo y una mente– a la comprensión de que soy «nada» (ninguna cosa) –ningún pensamiento, imagen, sentimiento, sensación o percepción.

De este modo, la culminación del camino del *neti-neti* –el Camino de la Exclusión– es conocer nuestro Yo como pura Consciencia. Sin embargo, este proceso aún no nos dice nada sobre cuál es la *naturaleza* de la Consciencia, más allá de que está simplemente presente y consciente. Y en ese sentido, no es esto lo que se ha entendido tradicionalmente por despertar o iluminación. El despertar o iluminación no es tan solo la revelación de la *presencia* de la Consciencia –aunque este sea el primer paso– sino la revelación de su *naturaleza*.

✧✧✧✧

Para poder avanzar desde el entendimiento de que la Consciencia está presente y es consciente a la comprensión de su verdadera naturaleza, es necesaria, en la mayoría de los casos, una cierta exploración. Sin embargo, ¿quién o qué podría explorar o conocer la Consciencia? Únicamente ella es consciente y, por lo tanto, es tan solo ella la que puede saber algo sobre sí misma. Por este motivo explorar la Consciencia significa ser consciente de la Consciencia. No obstante, para ser consciente de sí misma, la Consciencia no necesita conocer nada nuevo; simplemente siendo ella misma, la Consciencia ya es siempre, de un modo natural y sin esfuerzo, consciente de sí misma, de igual modo que el sol, de forma simple y natural, se ilumina a sí mismo simplemente siendo él mismo.

Por lo tanto, investigar verdaderamente nuestra naturaleza esencial, aunque casi siempre se inicia razonando, reflexionando y cuestionando, es, en última instancia, simplemente permanecer conscientemente como nuestro Ser esencial de pura Consciencia. En este proceso, la mente orientada hacia fuera, hacia los objetos, queda privada de su objeto y, al no tener nada en lo que enfocarse o a lo que aferrarse, retorna de una forma natural, espontánea y sin esfuerzo a su fuente de pura Consciencia, permaneciendo como tal de manera consciente.

Es en este permanecer como nuestra naturaleza esencial de pura Consciencia donde el recuerdo de nuestra naturaleza ilimitada y eternamente presente comienza a surgir –el recuerdo de nuestro eterno e infinito Ser–. Por supuesto, no es un recuerdo de «algo». Sin embargo, el término *recuerdo* es apropiado porque este conocimiento de nuestro propio Ser –su conocimiento de sí mismo como esencialmente es– siempre ha estado con nosotros y, por lo tanto, no es algo nuevo que se conozca. Tan solo estuvo *aparentemente* perdido, velado, pasado por alto u olvidado.

Este recuerdo de nuestra naturaleza ilimitada y eternamente presente es designado de formas variadas en las distintas tradiciones espirituales: despertar, iluminación, *satori*, liberación, nirvana, resurrección, *moksha*, *bodhi*, *rigpa*, *kensho*, etc. En todas estas denominaciones se hace referencia a la misma experiencia: el abandono de la identificación con todo lo que previamente considerábamos que era inherente y esencial en nuestro Yo. En la tradición zen se refieren a ello como *La Gran Muerte* y en la religión cristiana se representa mediante la crucifixión y la resurrección –la disolución de los límites que el pensamiento ha sobreimpuesto en nuestro Yo y la revelación de su naturaleza eterna e ilimitada.

Este despertar a nuestra naturaleza esencial de Consciencia ilimitada y eternamente presente puede tener o no un efecto drástico e inmediato en el cuerpo y en la mente. De hecho, en muchos casos, este reconocimiento puede darse de un modo tan silencioso y sosegado que incluso puede que a la mente le pase desapercibido.

En cierta ocasión escuché una historia en la que un estudiante de un reconocido maestro zen le preguntaba: «¿Por qué nunca hablas de tu experiencia de iluminación?». En este punto la esposa del maestro zen se levanta en el fondo de la sala y dice a voces: «¡Porque nunca la ha tenido!». Otros cuentan que el simple reconocimiento de su Ser esencial los dejó tan desorientados que, por ejemplo, ¡se pasaron los dos años siguientes sentados en un banco del parque acostumbrándose a él!

En cualquier caso, el reconocimiento de nuestra verdadera naturaleza es tan solo una etapa intermedia: la verdadera naturaleza de nuestro Yo –pura Consciencia– ha sido reconocida como el sujeto eterno e infinito de toda experiencia, pero los objetos del cuerpo, la mente y el mundo aún han de ser incorporados en esta nueva comprensión.

En esta etapa, se ha comprendido que nuestra verdadera naturaleza es la Consciencia trascendente; la presencia testigo de la Consciencia en el trasfondo de toda experiencia; el espacio eternamente presente e ilimitado en el que aparecen los objetos temporales y limitados del cuerpo, la mente y el mundo, y mediante el cual son conocidos; el vacío en el que surge la totalidad de la experiencia.

Sin embargo, desde este punto de vista, la experiencia aún consiste en un sujeto –si bien se trata de un sujeto iluminado– y un objeto. El sujeto –la Consciencia eterna e infinita– se equipara en ocasiones a un espacio abierto y vacío como el cielo, en el que los objetos de la experiencia –pensamientos, imágenes, sentimientos, sensaciones corporales y percepciones– aparecen y desaparecen como las nubes. En ese sentido, la Consciencia aún es un «algo», aunque sea un «algo» transparente y vacío. Todavía estamos en el terreno de la dualidad –que podríamos denominar Dualidad

Iluminada– en la que un sujeto eterno e infinito parece conocer objetos temporales y finitos.

Es en este contexto en el que la palabra *Consciencia* se usa en *Las cenizas del amor*.

✧✧✧✧

Para que la paz y la felicidad que son inherentes al conocimiento de nuestro propio Ser –su conocimiento de sí mismo– puedan ser plenamente sentidas y vividas en todos los aspectos de la vida, nuestra comprensión iluminada ha de incorporarse en todos los ámbitos de la experiencia, es decir, en el modo en que pensamos, sentimos, actuamos, percibimos y nos relacionamos.

Por lo tanto, hay una segunda etapa –el Camino de la Inclusión, o Camino Tántrico– en la que el modo en que pensamos, sentimos, actuamos, percibimos y nos relacionamos se readapta gradualmente a nuestra nueva comprensión. En este Camino de la Inclusión –o, como es denominado en la tradición zen, *El Gran Renacimiento* y en la tradición cristiana, la transfiguración– descubrimos que nuestra naturaleza esencial de pura Consciencia no está tan solo presente como *testigo* de toda experiencia, sino que además constituye la mismísima *sustancia* o *realidad* de la experiencia. Como tal, no es tan solo el *trasfondo* de la experiencia, sino también lo que está presente en *primer plano*; no es tan solo *trascendente*, sino que también es *inmanente*.

En esta comprensión, la dualidad, es decir, la distinción entre el sujeto –la pura Consciencia– y los objetos del cuerpo, la mente y el mundo, se ha colapsado. De hecho, ni siquiera puede decirse que se haya colapsado, dado que para empezar nunca estuvo ahí realmente. Más bien, se ha visto con claridad que la dualidad es y siempre ha sido completamente inexistente: en realidad, no hay ningún yo –ya sea temporal y limitado o eternamente presente e ilimitado– que *conozca*, ni tampoco ningún objeto, ser o mundo limitado que sea *conocido*. Lo único que hay es puro *Conocer* –una totalidad íntima, continua, indivisible, eternamente presente e ilimitada.

Es en este sentido en el que los términos *Conocer* o *la luz del puro Conocer* se usan en *Las cenizas del amor*: para describir ese sentir y conocer que toda distinción entre un sujeto aparente y un objeto, ser o mundo aparente se ha disuelto, al contrario que los términos *Consciencia* o *pura Consciencia*, en los que aún están presentes un sujeto aparente y un objeto.

Y, del mismo modo que utilizamos como metáfora para la relación de la Consciencia con la experiencia el *cielo* abierto y vacío, en el que los objetos del cuerpo, la mente y el mundo flotan como nubes, para el puro Conocer, en el que no hay sujeto ni objeto, emplearemos la metáfora de la *pantalla* y la imagen o película.

Sin embargo, la pantalla en esta metáfora es una pantalla consciente; está viendo o conociendo las imágenes que en ella aparecen, *y* es, simultáneamente, la sustancia de la que están hechas. De este modo, las conoce como sí misma, no como objetos o como otros.

En este caso, no existe un objeto con existencia real independiente en la pantalla que podamos llamar «una imagen». No hay dos cosas –Advaita significa «adual, no dos»–; no hay por un lado la pantalla y por otro la imagen; únicamente existe la pantalla. Es la pantalla la que, vibrando y creando modulaciones de sí misma, aparece como la imagen, pero nunca se convierte en nada diferente a sí misma, nunca conoce nada externo a sí misma.

De igual modo, el puro Conocer, vibrando dentro de sí mismo, toma la forma del pensar, sentir, percibir, ver, oír, tocar, gustar y oler, y así, *parece* convertirse en una mente, un cuerpo y un mundo, pero en realidad nunca se transforma en nada que no sea él mismo, ni conoce nada que no sea él mismo.

Por lo tanto, desde el punto de vista del puro Conocer, no hay «objetos». Tan solo hay objetos e individuos desde el punto de vista ilusorio de uno de los personajes de la película.

El nombre común que le damos a la ausencia de distinción entre un sujeto que conoce y un objeto, ser o mundo, que es conocido, es amor o belleza. El amor es la experiencia de que no hay otros; la belleza es la experiencia de que no hay objetos.

De hecho, no hay palabra que pueda ser legítimamente utilizada para describir la realidad de la experiencia, que permanece innombrable, por siempre más allá del alcance del pensamiento, y que, sin embargo, es total y absolutamente íntima. Es por este motivo por el que, cuando se intenta expresar esta Realidad, ¡es posible tanto no emplear ninguna palabra como utilizar muchísimas!

✧✧✧✧

El Camino de la Exclusión –*no* soy esto, *no* soy aquello– nos lleva de la creencia «soy algo» a la comprensión «soy nada». El Camino de la Inclusión –*soy* esto, *soy* aquello– nos lleva de la comprensión «soy nada» a sentir y comprender que «soy todo».

El Camino de la Exclusión está basado en la discriminación; en él hacemos una distinción entre lo que es esencial en nuestro Yo y lo que no lo es. El Camino de la Inclusión está basado en el amor; en él se ve que todas esas distinciones no tienen existencia real, y descubrimos nuestra intimidad innata con todos los aparentes objetos y seres. Este Camino del Amor lleva a lo que podría denominarse Iluminación Encarnada, en la que la comprensión de la verdadera naturaleza de Consciencia eternamente presente e ilimitada va impregnando gradualmente todas las facetas de la vida, penetrando y saturando el cuerpo, la mente y el mundo con su luz. Es un proceso que nunca termina.

Tomamos el Camino de la Exclusión para ir de la Dualidad Convencional a la Dualidad Iluminada; tomamos el Camino de la Inclusión o Tántrico, el Camino del Amor o la Belleza, para ir de la Dualidad Iluminada a la Iluminación Encarnada.

Estas tres etapas –Dualidad Convencional, Dualidad Iluminada e Iluminación Encarnada– se encuentran en todas las grandes tradiciones espirituales y religiosas; en el cristianismo son la crucifixión, la resurrección y la transfiguración; en la alquimia, la discriminación, la iluminación y la transformación; en el budismo, el *samsara*, después el nirvana y por último el *samsara* y el nirvana como equivalentes: primero la forma, luego el vacío, y por último la forma es vacío y el vacío es forma. Tal y como lo expresó Ramana Maharshi: «El mundo no es real; tan solo Brahman es real; Brahman es el mundo».

En primer lugar, descubrimos que toda experiencia aparece *en* y es conocida *por* el espacio abierto y vacío de la Consciencia. Después, descubrimos que la Consciencia no es tan solo el contenedor y el conocedor, sino la mismísima *sustancia* o *realidad* de toda experiencia.

A medida que la distinción entre la Consciencia y los aparentes objetos del cuerpo, la mente y el mundo se colapsa o, dicho con más precisión, a medida que se percibe que esa distinción es completamente inexistente, se comprende que todo lo que siempre hemos conocido, todo con lo que alguna vez nos hemos relacionado, es únicamente el *Conocer* de la experiencia. De hecho, no es tan siquiera el Conocer de «la experiencia», porque nunca encontramos una experiencia independiente del Conocer de dicha experiencia.

Tan solo conocemos el Conocer. Sin embargo, el «nosotros» o el «yo» que conoce ese Conocer no está separado ni es distinto de él; el Conocer no es conocido más que por sí mismo.

Todo lo que en todo momento se conoce es Conocer, y es el Conocer el que se conoce a sí mismo.

Lo único que existe es la luz del puro Conocer.

Rupert Spira,
septiembre de 2014

Las Cenizas del Amor

Desde el punto de vista de la Tierra, el Sol viene y va, aunque en realidad siempre está ahí. Del mismo modo, desde el punto de vista del cuerpo y la mente, nuestra naturaleza esencial de pura Consciencia viene y va, pero en su propia experiencia de sí misma está eternamente presente.

Toda experiencia es iluminada, o hecha conocible, por la luz del puro Conocer. Este Conocer impregna todo pensamiento, sentimiento, sensación y percepción, independientemente de sus características particulares. Nosotros *somos* este Conocer transparente e inmutable.

Nuestro Yo –Consciencia luminosa, abierta y vacía– no puede ser iluminado; es ya la luz que ilumina toda experiencia. Tampoco un yo separado puede ser iluminado, porque cuando el yo separado confronta la luz de la Consciencia, se desvanece, al igual que una sombra cuando es expuesta al sol.

Establecer nuestra propia identidad y seguridad en algo que aparece, evoluciona, cambia y desaparece es la causa de la infelicidad.

El yo separado no es una entidad; es una actividad: la actividad de pensar y sentir que nuestra naturaleza esencial de pura Consciencia comparte las limitaciones y el destino del cuerpo y la mente.

Del mismo modo que una pantalla es íntimamente una con todas las imágenes y, al mismo tiempo, está libre de ellas, así nuestra verdadera naturaleza del Conocer luminoso y vacío es una con todas las experiencias y, sin embargo, al mismo tiempo, está intrínsecamente libre de ellas.

Somos la presencia abierta, vacía y que todo lo permite de la Consciencia, en la que aparecen y desaparecen los objetos del cuerpo, la mente y el mundo, mediante la cual todos ellos son conocidos y, en última instancia, de la que están hechos. Tan solo date cuenta de eso y sé conscientemente eso.

Cuando se ha soltado todo lo que se puede soltar, lo que queda es lo que deseamos por encima de todo.

En la ignorancia, soy algo; en la comprensión, soy nada; en el amor, soy todo.

Nuestro Yo –Consciencia luminosa y vacía– no conoce la resistencia y es, por lo tanto, la Paz misma; no busca nada y es, por ese motivo, la Felicidad misma; es íntimamente uno con todas las apariencias y, como tal, es puro Amor.

Lo único que el yo separado no puede soportar es ser visto claramente. Ver claramente el yo separado es ver que no existe.

Yo, la Consciencia abierta y vacía, soy consciente de los pensamientos, sentimientos y percepciones, pero no estoy hecho de ninguno de ellos. Todos ellos vienen, van, se mueven y transforman, mientras que yo permanezco como lo que soy, sin nacimiento, muerte, movimiento o transformación –eterno e infinito.

El Ahora no es un momento en el tiempo, encajonado entre los dos vastos espacios del pasado y el futuro; este Ahora presente es el único Ahora que existe –el Ahora eterno–. No ha venido de ningún lugar ni va a ninguna parte.

El tiempo y el espacio son la manera que tiene el pensamiento de conceptualizar la naturaleza eterna e infinita de la Consciencia.

Apertura total, pura sensibilidad, aceptación incondicional: esto no es algo que tú, como persona, puedas hacer; es lo que tú, como pura Consciencia, eres.

Desde el punto de vista de un yo limitado, la experiencia consiste en una multiplicidad y diversidad de objetos limitados y de entidades separadas, algunos de los cuales se conciben como «yo», y otros, como «no yo».

Desde el punto de vista de la experiencia misma, tan solo existe la intimidad sin interrupción de sí misma; una totalidad indivisible, innombrable, siempre cambiante en cuanto al nombre y la forma, pero nunca cambiante en esencia.

Nuestra naturaleza esencial de pura Consciencia no tiene nombre, pero todos los nombres la nombran; no tiene forma, pero es la sustancia de todas las formas.

Hay tres pasos esenciales en el camino espiritual: el primero es darse cuenta de que uno no es un cuerpo o una mente, sino la Consciencia en la que aparecen y mediante la cual son conocidos; el segundo es explorar la naturaleza de la Consciencia y descubrir que esta no comparte ni el destino ni las limitaciones del cuerpo y la mente –es decir, descubrir su naturaleza eterna e infinita–, y el tercero es llevar una vida que sea consistente con esta comprensión.

El yo separado no es una entidad; es una actividad: la actividad de resistirse a lo que está presente y buscar lo que no está presente.

Al igual que una polilla nunca toca la llama que busca sino que muere en ella, el yo separado aparente nunca encuentra la paz o la felicidad que anhela, sino que se disuelve en ella. Esta disolución *es* la experiencia de la paz y la felicidad.

Hay dos posibilidades para el pensamiento: o bien dirigirse hacia fuera en dirección a objetos o estados, en cuyo caso adopta la forma del sufrimiento, o bien dirigirse hacia dentro, hacia el corazón de la experiencia, en cuyo caso se disuelve en la paz.

Sé conscientemente la presencia inherentemente pacífica de la Consciencia, y ve que esta paz no depende del estado en el que se encuentren la mente, el cuerpo o el mundo, del mismo modo que una pantalla no depende del contenido de las palabras o de la calidad de las imágenes que aparecen en ella.

Conócete a ti mismo como nada; siéntete a ti mismo como todo.

La felicidad es simplemente el conocimiento de nuestro Ser tal y como es en esencia –su conocimiento de sí mismo–. La causa fundamental de toda infelicidad es el aparente descuido, ocultamiento u olvido de nuestro propio Ser.

Nuestro Yo –Consciencia luminosa, abierta y vacía– no puede ser conocido como un objeto, pero nunca es desconocido.

Somos del Conocer con el que toda experiencia es conocida, y el Ser en todo lo que existe. Conocer y Ser, aparentemente dos, son uno en y como nuestro Yo.

El Conocer con el que la mente en apariencia conoce a las cosas, los demás y el mundo pertenece a nuestro Yo, a la Consciencia ilimitada y eternamente presente, del mismo modo que la luz con que la Luna ilumina la Tierra pertenece al Sol.

La Consciencia –la intimidad de nuestro propio Ser– no puede ser conocida como un objeto –un pensamiento, sentimiento, sensación o percepción–, y sin embargo, en todos ellos lo que se está conociendo verdaderamente es tan solo la Consciencia, al igual que la pantalla no se encuentra nunca en la película, y sin embargo, es lo único que se está viendo realmente.

La meditación es lo que somos, no lo que hacemos; el yo separado es lo que hacemos, no lo que somos.

Toda la aventura del yo separado tiene lugar en una pequeña burbuja de pensamiento y sentimiento dentro de la Consciencia, pero la Consciencia misma nunca se embarca en esa aventura.

Al igual que el personaje de una película es real tan solo desde el punto de vista de ese personaje, así un yo separado es real tan solo desde su propio punto de vista imaginario.

Considera los pensamientos y los sentimientos como un tren que llega a una estación y después se marcha; sé como la estación, no como un pasajero.

La experiencia no está inherentemente dividida en una parte que experimenta y otra que es experimentada; es un todo íntimo, indivisible e innombrable. Amor y belleza son los nombres que se le dan a esta intimidad cuando es conocida y sentida. Son la condición natural de toda experiencia, no la condición particular de alguna experiencia.

No seas ni el conocedor ni lo conocido, sino el Conocer de la experiencia, y te hallarás siendo todos y todo.

Nuestro ser esencial de pura Consciencia cede su realidad a todo lo aparente, dándoles su existencia supuestamente independiente, al igual que la pantalla cede su realidad a los personajes y los objetos de la película, dándoles su propia existencia supuestamente independiente.

La experiencia es un todo íntimo, continuo e innombrable. Es tan solo el pensamiento el que divide esta intimidad en una aparente multiplicidad y diversidad de objetos y de individuos, imaginando de este modo un «yo» y un «no yo».

Cuando el hacer se ralentiza, queda expuesto el pensar que está en su origen; cuando el pensar se disuelve, queda al descubierto el sentimiento oculto tras él; cuando el sentimiento se aquieta, se revela el Ser que está en su corazón.

Sé conscientemente el espacio abierto, vacío y luminoso de la Consciencia; abierto porque permite a todo lo que aparece en la mente, el cuerpo y el mundo ser tal y como es; vacío porque no tiene forma propia, pero acoge a todas las formas en su seno, y luminoso porque es lo que ilumina o hace conocible toda experiencia.

Ver lo que es el yo separado es ver que no existe.

La meditación no es ni una actividad ni el cese de una actividad; es permanecer conscientemente como la presencia vacía y abierta de la Consciencia que todo lo permite, en la que aparece toda experiencia, con la que es conocida y, en última instancia, de la que está hecha.

Cuando entendemos que lo que anhelamos profundamente no puede nunca ser encontrado en un objeto, sustancia, actividad, relación o estado, nuestro anhelar de forma natural y sin esfuerzo pierde su sentido y su dinamismo, fluye de regreso a su fuente y se revela como la felicidad que estábamos buscando.

Cuando el sentir es despojado del que siente y de lo sentido, brilla como amor; cuando el percibir es despojado del que percibe y de lo percibido, brilla como belleza.

No podemos conocer la felicidad; tan solo podemos serla. No podemos estar tristes; tan solo podemos conocer la tristeza.

Los objetos y los individuos separados tan solo existen desde el punto de vista ilusorio de un sujeto separado, mientras que Yo, la Consciencia, que no soy un sujeto ni un objeto y sin embargo soy la realidad de ambos, estoy eternamente presente.

Todo lo que se conoce es el Conocer de la experiencia, y nosotros somos ese Conocer.

Al principio, parece que estamos en el mundo, después parece que el mundo está en nosotros y finalmente la distinción entre nosotros y el mundo se disuelve.

Busca en cada experiencia aquello que no aparece, no se mueve, no cambia, no evoluciona ni desaparece, y conócete a ti mismo como eso.

Del mismo modo que la pantalla nunca es verdaderamente ocultada, ni mucho menos dañada por una imagen, aunque es la que tiene todas las imágenes, así nuestra naturaleza esencial de pura Consciencia nunca es ocultada ni dañada por ninguna apariencia del cuerpo, la mente o el mundo, aunque es íntimamente una con todas esas apariencias.

Conocer el mundo es amar el mundo, y amar el mundo es conocer el mundo.

Todo lo que se experimenta es la experiencia, pero no hay un yo independiente que experimente ni un objeto, ser o mundo independiente que sea experimentado. Tan solo hay el Experimentar la experiencia, y es el Experimentar el que experimenta la experiencia.

Pregunta a tu Yo, a la Consciencia, qué es lo que piensa o siente sobre cualquier experiencia, y la respuesta será siempre la misma independientemente de las cualidades particulares de la experiencia: ¡no hay respuesta!

La felicidad es la ausencia de resistencia a lo que es. Es la práctica espiritual más elevada. Sin embargo, no es una práctica que pueda ser llevada a cabo por una persona; es la naturaleza eternamente presente de nuestro Yo, la Consciencia.

Cuando el «yo» del individuo separado es liberado de todos los pensamientos y sentimientos sobreimpuestos, se revela como el «Yo» ilimitado y eternamente presente de la pura Consciencia.

La identificación siempre es para el pensamiento, nunca para nuestro Yo.

Al igual que el sol se refleja en muchos charcos y cada uno muestra una imagen separada del mismo sol, así la ilimitada y eternamente presente luz del puro Conocer se refleja en siete mil millones de mentes como la sensación «yo soy», dando lugar a la apariencia de siete mil millones de yoes.

Normalmente pensamos que ser un yo separado es algo natural que no requiere esfuerzo y que ser la presencia abierta y vacía de la Consciencia sí lo requiere. En realidad es justo al contrario: ser la presencia abierta y vacía de la Consciencia es algo natural y sin esfuerzo, pero ser un yo separado requiere un continuo y sutil esfuerzo del pensar y el sentir.

No seas el que ve; sé el ver. Ser el que ve es ser alguien, estar en algún lugar; ser el ver es no ser nadie, y estar en todas partes.

En la comprensión, permanecemos como la Consciencia abierta y vacía –el testigo de toda experiencia–; en el amor, permanecemos como la luz del puro Conocer –la sustancia de toda experiencia.

La experiencia aparece como un reflejo de tu punto de vista; desde el punto de vista de un cuerpo, es una colección de objetos e individuos; desde el punto de vista de una mente, es todo pensamiento, sensación y percepción; desde el punto de vista de la Consciencia es solamente Consciencia.

Del mismo modo que el vapor, el agua y el hielo son modulaciones de una misma sustancia, así la mente, el cuerpo y el mundo son modulaciones de un mismo Ser –la luz eternamente presente del puro Conocer.

Brillo como el Conocer en todo lo que es conocido, al igual que el sol brilla como la luz en todo lo que es visto.

Yo –Consciencia luminosa, abierta y vacía– soy la verdad de tu Ser y estoy eternamente contigo, en ti, como tú, brillando serenamente en el corazón de toda experiencia. Tan solo gírate hacia Mí, reconóceme, y Yo te tomaré dentro de Mí.

La mente, el cuerpo y el mundo despiertan y duermen en Mí –la luz del puro Conocer–, pero Yo nunca despierto ni duermo en ellos.

Cuando el buscar y el resistir que caracterizan al aparente yo separado llegan a su fin, nuestra naturaleza esencial de paz y felicidad brilla como verdaderamente es.

Si queremos cambiar nuestros pensamientos, tendremos que comenzar por cambiar el universo.

La entidad separada medra en el intentar apaciguar la mente, y al hacerlo tan solo consigue perpetuar la agitación que hay en su corazón; deja que la mente sea como es y tú permanece como lo que eres.

Nuestro Yo, la luz del puro Conocer, no puede ser pensado, sentido o percibido, pero es lo que hace posible todo pensar, sentir y percibir.

Cuando la felicidad es velada, surge el deseo. Cuando el deseo es satisfecho, la felicidad se revela. En la comprensión, no permitimos que la felicidad quede velada. En la ignorancia, buscamos satisfacer nuestros deseos.

Aquello que todo el mundo anhela está presente eternamente, brillando en el corazón de toda experiencia.

El pensamiento le da nombre a la experiencia, los sentidos le dan forma, pero la luz del puro Conocer le da su realidad.

El sufrimiento no es lo contrario de la felicidad; es el ocultamiento de la felicidad. Es una llamada de la felicidad misma, recordándonos que equivocadamente hemos tomado nuestro Yo por una idea, una imagen o un objeto.

La separación entre el conocedor y lo conocido, el experimentador y lo experimentado, el pensador y lo pensado, el que siente y lo sentido, el que hace y lo hecho nunca ocurre realmente; está formada tan solo del pensamiento que la piensa, y se afianza en el cuerpo mediante los sentimientos.

Del mismo modo que la pantalla ilimitada parece limitada cuando asume el nombre y la forma de un personaje u objeto en una película, pero nunca lo está realmente, así nuestro Yo, la Consciencia, parece convertirse en temporal y limitado cuando asume la forma del pensar, el sentir y el percibir, pero nunca está verdaderamente limitado por ninguno de ellos.

Los pensamientos y los sentimientos tienen preferencias, toman decisiones, les gustan o no les gustan las cosas, buscan y resisten, alaban y culpan, tienen esperanza o se desesperan, juzgan y condenan, pero nuestro Yo, Consciencia, aquello que los conoce, no comparte ninguno de sus prejuicios; la Consciencia ve a todos y a todo por igual, del mismo modo que el sol brilla en todos los objetos por igual.

La atención es la Consciencia más un objeto. Liberada del foco de un objeto, la atención fluye de vuelta a su fuente y se conoce a sí misma como pura Consciencia.

Lo único fiable en lo conocido es el Conocer. Lo único seguro en la experiencia es el Experimentar.

Con diferencia la mayor parte del yo aparentemente separado existe como un sentimiento en el cuerpo, no como un pensamiento en la mente. Mientras la comprensión no dual no penetre profundamente en el cuerpo, aunque nuestra comprensión sea clara, continuaremos sintiendo, actuando, percibiendo y relacionándonos de modos que confirmen la aparente existencia de un yo separado.

Antes de que cualquier pensamiento, sensación o percepción nos diga nada sobre una mente, cuerpo o mundo, nos anuncia la presencia de la Consciencia en la que aparecen, con la que son conocidos y, en última instancia, de la que están hechos. De este modo, toda experiencia brilla con la luz de la Consciencia.

La Consciencia vive en la eternidad pero danza en el tiempo.

No te pierdas en pensamientos y sentimientos; deja que ellos se pierdan en ti.

Del mismo modo que la luna está a veces completamente visible, otras parcialmente oculta y otras plenamente oculta, y sin embargo es siempre la misma luna llena, así la Consciencia está totalmente presente en cualquier momento y circunstancia, aunque los tres estados de estar despierto, durmiendo o soñando hacen que parezca que surge, se mueve, cambia y desaparece.

Para el yo hecho de pensamientos y sentimientos, algunas experiencias son íntimas y otras no. Para el verdadero y único Yo de pura Consciencia, todas las experiencias son igualmente íntimas.

Nuestro Yo, la Consciencia, es como un espacio abierto, vacío, que todo lo permite. Como tal, no nos resistimos a nada, no nos aferramos a nada, no buscamos nada. De este modo, la felicidad es nuestra naturaleza esencial.

Los pensamientos casi siempre están embarcados en un viaje hacia un pasado o hacia un futuro, pero nuestra naturaleza esencial de pura Consciencia nunca viaja con ellos.

¿Puedes separar a alguien o algo de la experiencia, o a la experiencia de ti mismo? ¿No? Entonces ¡no lo hagas!

Al igual que un personaje de una película parece que viaja por el mundo pero nunca abandona realmente la pantalla, así el pensamiento parece viajar al pasado y al futuro pero nunca abandona realmente el Ahora.

Un objeto existe porque pensamos en él; no pensamos en él porque existe.

Cuando el «yo» del individuo aparentemente separado es despojado de todas las creencias y sentimientos de carencia y limitación, se revela como el único y verdadero «Yo» de la Consciencia eternamente presente e ilimitada.

Con tu mente, conoce las diez mil cosas; con tu corazón, siente tan solo una Realidad.

La cura radical para el sufrimiento está en ver que, al igual que el espacio vacío, nuestra naturaleza esencial de pura Consciencia no conoce la resistencia, y por lo tanto tampoco conoce el sufrimiento.

Conócete a ti mismo como el ver, no como el que ve, y te encontrarás en todas partes.

Todo lo que se experimenta de la mente, el cuerpo y el mundo es el pensar, sentir, percibir, oír, gustar, tocar y oler; y todos ellos están hechos solamente del propio conocerlos. Así, todo lo que se conoce en todo momento es el Conocer, y es el Conocer el que conoce el Conocer.

El yo interno separado es como un intermediario que aísla de toda experiencia a nuestro Ser esencial de Consciencia eternamente presente e ilimitada. Esta división nos sitúa en una relación de conflicto, siempre buscando aferrarnos, resistir o cambiar la situación actual, nunca permitiendo que sea lo único que siempre es: simplemente lo que es. Sin el intermediario, la relación entre nuestro Yo y toda experiencia es de una intimidad natural y sin esfuerzo. Esta intimidad es la experiencia del amor en relación con las personas y los animales, de la felicidad en relación con las situaciones y de la belleza con relación a los objetos.

Si la separación fuese real, tendríamos que deshacernos de ella. Sin embargo, la separación es una ilusión; intentar deshacerse de una ilusión tan solo confirma su aparente realidad, y por lo tanto la refuerza.

El místico se investiga a sí mismo; el artista y el científico exploran el mundo. Si cualquiera de ellos va lo suficientemente lejos, llegará inevitablemente a la misma conclusión: que todos y todo compartimos la misma Realidad. Es únicamente debido a que ninguno de ellos llega hasta el fondo por lo que parece haber diferencias.

En lugar de pensar en la experiencia como en una colección de objetos o nombres, siéntela tan solo en términos de verbos. En lugar de pensar: «Conozco esto y aquello», siente: «Tan solo hay conocer, y yo soy eso». En lugar de pensar: «Te amo», siente: «Tan solo hay amar, y yo soy eso». En lugar de pensar: «Veo el árbol», siente: «Tan solo hay ver, y yo soy eso».

Primero nos imaginamos un ego, después lo defendemos, a continuación lo expresamos, después lo completamos, después intentamos liberarnos de él, tras eso le damos la bienvenida, posteriormente lo comprendemos y al fin vemos que en todo momento es inexistente.

Al igual que la oscuridad cae sobre la Tierra cuando se aparta del Sol, así la oscuridad de la ignorancia cae sobre el individuo cuando se aparta de su fuente, la luz del puro Conocer.

El pensar, el sentir y el percibir son modulaciones del puro Conocer, nombres y formas temporales de nuestro Yo. Conoce, sé y ama únicamente este Conocer en toda experiencia.

El Conocer con el que se recuerda el pasado y se imagina el futuro no puede en sí mismo ser recordado o imaginado.

El único obstáculo para la paz y la felicidad es el pensamiento que considera que la situación actual es inadecuada o equivocada. Ese pensamiento es como una planta que florece en nuestros sentimientos, actividades y relaciones, pero tiene profundas raíces; no es suficiente con cortar la flor.

Todo lo que se conoce es el Experimentar, y lo que sea que conoce el Experimentar es total e íntimamente uno con él. De hecho, ni siquiera es «uno con», porque en realidad no hay dos cosas ahí –el Experimentar por un lado y el Conocerlo por otro– que pudieran ser una con la otra; tan solo existe la indivisible e innombrable intimidad del Experimentar, hecho tan solo de puro Conocer.

Yo, la luz del puro Conocer, nunca me aventuro fuera de Mí Mismo para estar en contacto con un pensamiento, sensación o percepción; Yo siempre permanezco en Mí Mismo, y lo que sea que encuentro en Mí Mismo está hecho únicamente de Mí Mismo.

No hay un yo interno separado ni un objeto, ser o mundo separado. En lugar de eso, hay una totalidad continua e íntima, que siempre cambia cuando se ve desde la perspectiva de los objetos, pero que nunca cambia cuando se ve desde la perspectiva de la totalidad.

Un objeto es el nombre que el pensamiento le da a la Realidad cuando es percibida desde el punto de vista de un sujeto. En ausencia de ese punto de vista, la experiencia ya no está dividida en estos dos elementos –un sujeto y un objeto– y todo lo aparente se experimenta como verdaderamente es, eterno e infinito.

Cuanto más exploramos la naturaleza esencial de la experiencia y penetramos en ella, menos distinciones encontramos.

Es tan solo un yo interno imaginario el que busca la felicidad en un objeto, ser o mundo externo, mientras que todo el tiempo Yo, la luz del puro Conocer, permanezco eternamente en la paz de mi propio Ser.

Estar presente en y como todo lo que es visto es participar de la vida, no como un fragmento entre otros fragmentos, sino como Amor, íntimamente uno con todos los objetos e individuos aparentes.

Cuando el yo es liberado de todas las limitaciones sobreimpuestas en él por el pensamiento, se revela como pura Consciencia. Cuando el mundo es liberado de todas las limitaciones sobreimpuestas, se revela como puro Ser. Ambos son idénticos y todos somos eso.

Buscar la felicidad en el cuerpo, la mente o el mundo es como buscar la pantalla en una película: la pantalla no aparece *en* la película, y sin embargo, al mismo tiempo, todo lo que se ve en la película *es* la pantalla. Del mismo modo en que la pantalla «se oculta» a plena vista, así la felicidad «se oculta» en toda experiencia.

Es nuestro exclusivo interés en los objetos lo que les da su realidad aparentemente independiente. Cuando la atención cambia del objeto visto al puro ver, la realidad aparentemente separada del objeto desaparece y su verdadera realidad –la luz del puro Conocer– brilla.

El hecho de que la situación actual esté presente indica que la Consciencia ya la ha aceptado completamente. Es tan solo un yo imaginario el que subsecuentemente se resiste a ella. De hecho, el yo separado imaginario llega a la existencia aparente *como* esa resistencia.

Creer que nuestro Yo –la Consciencia luminosa, abierta y vacía– comparte los límites y el destino de la mente y el cuerpo es como creer que la pantalla comparte los límites y el destino de un personaje en la película.

Los pensamientos, sentimientos, sensaciones y percepciones pueden ser agitados o sosegados, pero Yo, la presencia de la Consciencia que los conoce, no comparto sus cualidades; Yo soy el espacio luminoso, abierto, vacío y consciente que no puede ser agitado por nada que aparezca en la mente, el cuerpo o el mundo, y por ello la paz es mi naturaleza.

El pensamiento divide el conocer en el conocedor y lo conocido, el amar en el que ama y lo amado y el percibir en el que percibe y lo percibido. De este modo, es únicamente el pensamiento el que imagina un sujeto y un objeto en la continua e innombrable intimidad del puro Conocer de la experiencia.

Yo, la luz del puro Conocer que reside en el corazón de toda experiencia, soy completamente vulnerable y, al mismo tiempo, absolutamente indestructible.

La tragedia y la comedia de la condición humana es que pasamos la mayor parte de nuestras vidas pensando, sintiendo, actuando, percibiendo y relacionándonos en nombre de un yo que no existe.

La materia, la mente y la Consciencia no son tres realidades diferentes; son tres modos distintos de ver una misma Realidad.

Nuestra naturaleza esencial de pura Consciencia no gana ni pierde nada con toda la aventura humana.

El eterno Ahora, cuando es visto a través de la estrecha rendija de la mente, aparece como el tiempo. El infinito Aquí, cuando es visto a través de la estrecha rendija de la mente, aparece como el espacio.

Del mismo modo que el Sol siempre está brillando pero parece que desaparece cuando la Tierra le da la espalda, así Yo –la luz del puro Conocer– estoy eternamente presente y brillando en toda experiencia, pero parece que desaparezco cuando la mente me da la espalda y mira en dirección de los objetos y los estados.

Cuando tratamos al mundo como si fuera el rostro de Dios, se revela como tal.

Tan pronto como algo aparece, la Consciencia simultáneamente lo conoce, lo permite y lo deja marchar.

El reconocimiento de nuestra verdadera naturaleza de Consciencia eternamente presente e ilimitada es instantáneo o, más exactamente, atemporal. La realineación de nuestros pensamientos, sentimientos, actividades, percepciones y relaciones con esta comprensión no tiene fin.

Pon tu mente en lo que sea que va o viene, pero pon tu corazón en aquello que permanece siempre contigo.

Nunca se ve la belleza, pero todos los objetos son su huella; nunca se siente el amor, pero todos los sentimientos son su rostro; nunca se conoce la comprensión, pero cada pensamiento brilla con su luz.

Sé conscientemente la presencia inherentemente pacífica de la Consciencia, en la que los pensamientos, sentimientos, sensaciones y percepciones aparecen. Permite que todos ellos evolucionen sin interferencia, y si hay alguna interferencia, simplemente permite eso también. Al permitir que todo sea exactamente como es momento a momento, estamos, sin darnos cuenta al principio, posicionándonos como Consciencia.

El único lugar que el yo separado no puede soportar es el Ahora.

A la mente, al cuerpo y al mundo puede faltarles algo, pero nuestro Yo, la Consciencia luminosa, abierta y vacía que conoce esta sensación de carencia, está inherentemente libre de ella. De este modo, la felicidad es su naturaleza.

El Amor es la intimidad inherente de toda experiencia, en la que nunca pueden encontrarse un sujeto y un objeto. El Amor no es una relación especial; es la condición natural de *toda* relación.

Así como la luz del sol hace que todos los objetos sean visibles pero en sí misma no es un objeto, así nuestro Yo, la luz del puro Conocer, hace que toda experiencia sea conocible, pero ella misma no puede ser conocida como un objeto.

El yo que busca amor es como una polilla que busca la llama; la llama es todo lo que desea, pero lo único que no puede tener.

En todo momento hay tres posibilidades disponibles: una, posicionarnos como un yo separado, que resiste lo que está presente y busca lo que no está presente; dos, posicionarnos como el espacio abierto y vacío de la Consciencia, en el que toda experiencia aparece y con la cual se conoce, y tres, posicionarnos como la luz del puro Conocer, de la cual está hecha toda experiencia. La experiencia se mostrará en concordancia con la posición que se tome.

El pensamiento imagina al conocedor y a lo conocido, pero la experiencia conoce tan solo el conocer; el pensamiento imagina al que ama y lo amado, pero la experiencia tan solo conoce el amar; el pensamiento imagina al que percibe y lo percibido, pero la experiencia únicamente conoce el percibir.

Del mismo modo que una persona puede soñar que crece, va a la escuela, hace amigos, recibe una educación, se enamora, se casa, encuentra un trabajo, tiene hijos, disfruta de los placeres y amarguras de la vida en familia, tiene nietos, enferma, se hace viejo, se encuentra rodeado por sus familiares en su lecho de muerte y, al morir, se despierta para darse cuenta de que todo el tiempo estuvo durmiendo tranquilamente en la cama, así nuestro Yo –pura Consciencia– experimenta la vida del aparente yo separado eternamente en reposo en su propio Ser, sin ir nunca a ninguna parte, sin nunca hacer nada.

Ninguna actividad o no actividad de la mente hará que la paz de nuestra verdadera naturaleza esté más o menos presente de lo que lo está en este preciso momento.

Un yo separado no *tiene* un punto de vista; *es* un punto de vista.

Conoce nada; sé todo.

Del mismo modo que el Sol no puede conocer la oscuridad, así Yo, la luz del puro Conocer, no puedo conocer la ignorancia o la separación. Por lo tanto, para mí no hay ignorancia, ni yo separado ni su correspondiente objeto, ser o mundo separado. Todo esto es para el pensamiento y el sentimiento, no para mí.

El Ahora no tiene lugar en el tiempo; todos los tiempos aparentes tienen lugar en el Ahora.

La mente y el cuerpo siempre están en un viaje, transformándose y cambiando, pero Yo, la pura Consciencia que conoce todas esas transformaciones y cambios o es consciente de ellos, no emprendo el viaje con ellos. No comparto su destino ni sus limitaciones. Nunca me convierto en lo que parecen ser.

La felicidad, que es el simple conocimiento de nuestro propio Ser como esencialmente es, no depende de las condiciones del cuerpo, la mente o el mundo; es nuestra naturaleza eternamente presente. Reposa brillando quedamente en el trasfondo de toda experiencia y, cuando es reconocida, se desborda hacia el primer plano, inundando toda experiencia con sus cualidades.

La verdadera plegaria consiste en la disolución del que reza y de aquel al que se reza, dejando el corazón abierto, desnudo y entregado.

El olvidar o pasar por alto nuestro Ser esencial no es nunca una experiencia real para nuestro Yo; siempre es tan solo un pensamiento o un sentimiento. En otras palabras, nuestro Yo –el único y verdadero Yo del puro Conocer, o Consciencia–, nunca se pasa por alto o se olvida verdaderamente de sí mismo. Desde su punto de vista, que es el único punto de vista real, se conoce únicamente a sí mismo por toda la eternidad.

El sufrimiento psicológico nace del pensamiento: «No me gusta lo que está presente y quiero lo que no está presente»; el sufrimiento es de por sí para el pensamiento, no para la Consciencia.

Una pantalla sin color puede asumir todos los colores y así aparecer como una persona, un paisaje o un edificio, pero realmente nunca se convierte en ninguno de ellos. Del mismo modo Yo, la luz del puro Conocer, vibro en Mí mismo y, como resultado, asumo todos los nombres y formas limitados, sin convertirme nunca realmente en un objeto, yo o mundo limitado.

La mente no necesita que la conviertan en una mente sin elección, sin juicio, incondicional y que todo lo acepta; Yo, Consciencia, soy ya inherentemente sin elección, sin juicio e incondicional y todo lo acepto.

El objetivo último de la vida es encontrar la felicidad o, para los buscadores espirituales, encontrar la iluminación, que es lo mismo. Sin embargo, Yo, Consciencia, soy ya la felicidad y la luz que todos los individuos aparentemente separados están buscando.

La experiencia siempre está cambiando en nombre y en forma pero nunca cambia en esencia.

Nuestro Yo, la luz del puro Conocer, está completamente vacío y es, al mismo tiempo, la sustancia de la que está hecha la plenitud de toda experiencia.

Todos los pensamientos que giran en torno a un yo interno imaginario dejan un eco o huella en el cuerpo. Como resultado, el cuerpo continúa siendo un refugio seguro para el sentido de separación mucho después de que la creencia en un yo separado se haya disuelto.

Yo, Consciencia, nunca me convierto en un yo separado, y el yo separado imaginario nunca se convierte en mí.

La búsqueda de la felicidad que anhelamos profundamente en un objeto del cuerpo, la mente o el mundo la fuerza a parecer como si estuviera oculta.

En el miedo o en la resistencia somos empujados hacia el pasado; en el deseo o en el buscar somos empujados hacia el futuro. La resistencia y la búsqueda son las dos formas esenciales del yo separado. El único lugar que no pueden soportar es el Ahora.

Yo –Consciencia luminosa, abierta y vacía– nunca me encuentro a Mí mismo en una situación; todas las situaciones se encuentran en mí.

La proyección de un objeto, ser o mundo «fuera» es la contrapartida natural e inevitable de la contracción de un yo «dentro». En ausencia de esta división de la experiencia, tan solo existe la indivisible e innombrable intimidad de la experiencia.

La luz del puro Conocer, que brilla en todo lo que es conocido, no comparte las cualidades cambiantes de lo conocido pero es, al mismo tiempo, su realidad, al igual que la pantalla no comparte las cualidades de la imagen, pero es su sustancia.

No hay ninguna otra sustancia presente en nuestra experiencia aparte del propio conocerla, y ese Conocer es conocido tan solo por sí mismo. De este modo, el puro Conocer es indivisible e íntimo; no admite distancia, separación, yo, objeto o ser. Se conoce y ama solamente a sí mismo; es solamente sí mismo.

Si dejamos tranquilos a los pensamientos y sentimientos, ellos nos dejarán tranquilos a nosotros.

La experiencia se experimenta a sí misma como una totalidad continua, indivisible, innombrable y eternamente presente. Es tan solo el pensamiento, que en sí mismo está hecho únicamente de experiencia, el que imagina que la experiencia está fragmentada en objetos e individuos.

En la ignorancia parece que Yo, Consciencia, asumo las cualidades de la mente y el cuerpo; en la comprensión, la mente y el cuerpo asumen las cualidades de paz y la felicidad que son inherentes en Mí mismo; en el amor, todo desaparece en Mí.

Al igual que la pantalla asume el nombre y la forma de una imagen con la que parece ocultarse a sí misma, así Yo, la luz del puro Conocer, asumo el nombre y las formas del pensar, el sentir y el percibir y como resultado aparezco como una mente, cuerpo o mundo. De este modo, con mi propia creatividad, asumo una forma con la que, desde su punto de vista, parezco ocultarme a Mí mismo. Sin embargo, nunca estoy realmente oculto para Mí mismo; estoy oculto tan solo desde el punto de vista ilusorio de uno de los nombres y formas que asumo. Cuando parece que me oculto a Mí mismo de Mí mismo de este modo, soy conocido como *Maya*.

Nuestro Yo, pura Consciencia, se siente en casa en el Ahora; el yo separado se siente en casa en el tiempo. Por este motivo, nunca se encuentran.

Todo objeto es la huella de Dios.

Tan solo desde el punto de vista del pensamiento existen los tres estados de estar despierto, dormido y soñando. Para la Consciencia no existen los tres estados; existe la Realidad única eternamente presente de sí misma en la Realidad eternamente presente de sí misma.

Amor es el nombre que le damos a la experiencia cuando despierta de nuevo a su identidad con todas las cosas, cuando se reconoce a sí misma en todas las cosas, como todas las cosas.

El descubrimiento de que la paz, la felicidad y el amor están eternamente presentes dentro de nuestro Ser y completamente disponibles en todo momento de la experiencia, en cualquier circunstancia, es el descubrimiento más importante que se puede hacer.

El pensamiento encierra a la Realidad en nombres; las sensaciones y las percepciones la encierran en formas. Despojada de estas proyecciones, la Realidad permanece como la cruda, innombrable e indivisible intimidad de toda experiencia.

El despertar o iluminación es la comprensión experiencial de que lo que esencialmente somos no comparte ni los límites ni el destino del cuerpo o de la mente.

Yo, Consciencia, no puedo nunca ser vista o conocida como un objeto, y sin embargo todos los pensamientos, sentimientos, sensaciones y percepciones brillan únicamente con mi luz.

Al principio Yo, la Consciencia, me descubro como el testigo en el trasfondo de la experiencia. Después, los objetos retroceden al trasfondo y Yo resplandezco en primer plano de toda experiencia. Finalmente, la aparente distinción y distancia entre Yo y los objetos se disuelve, me descubro en todos y todo, y todos y todo se encuentran en mí.

Si queremos aprender a vivir sin sufrimiento, primero tenemos que aprender a vivir con él. Cuando se le da la bienvenida al sufrimiento de un modo tan absoluto que no queda ni la más mínima resistencia a él, lo que estábamos buscando intentando deshacernos de él se revela en su corazón.

Un objeto es limitado desde el punto de vista de un sujeto; un individuo es limitado desde el punto de vista de un individuo. En ausencia de un punto de vista limitado, todos los objetos e individuos son vistos y conocidos como verdaderamente son: eternos e infinitos.

Al igual que la actividad en una película está hecha de la pantalla inmóvil, así la agitación del cuerpo y la mente está hecha de la paz eternamente presente de nuestro Ser esencial.

En algún momento la vida, el amor y la meditación se hacen indistinguibles.

Ten el valor y la claridad de ver que a Dios ni le importa ni conoce el sufrimiento. El sufrimiento es resistencia, y Dios –Consciencia eterna e infinita–, al igual que el espacio vacío, no conoce la resistencia, y por lo tanto no puede conocer el sufrimiento.

Nuestra naturaleza esencial de pura Consciencia es como una ventana abierta: hace que la vista del paisaje sea posible pero ella misma no está en el paisaje.

Del mismo modo que los personajes y los objetos de una película parecen tener una realidad propia cuando su verdadera naturaleza, la pantalla, se pasa por alto, así una multiplicidad y diversidad de objetos, yoes y otros parecen llegar a la existencia y tener una realidad propia cuando nuestra naturaleza esencial de pura Consciencia aparentemente se olvida, se oculta y se pasa por alto.

Yo, la luz del puro Conocer, soy el Experimentar en toda experiencia.

La experiencia es como una tela tejida con hilos de colores. Los pensamientos, sentimientos, sensaciones y percepciones son como las hebras: separadas y distintas cuando miramos los colores pero un todo indivisible cuando miramos la tela.

El sufrimiento se expresa a sí mismo como la actividad de resistir lo que está presente y buscar lo que no está presente. El yo separado está hecho de esa actividad.

El pensamiento imagina que nuestra naturaleza esencial de pura Consciencia comparte los límites y el destino del cuerpo. Con esta creencia, un yo limitado y temporal llega aparentemente a la existencia, en nombre del cual afrontamos la mayoría de nuestros pensamientos, sentimientos, actividades y relaciones.

Primero descubre tu Ser como el conocedor de lo conocido, y después como el Conocer en ambos.

El Amor es la experiencia de que los otros no son otros. La Belleza es la experiencia de que los objetos no son objetos.

La iluminación no es *una* experiencia; es la revelación de la verdadera naturaleza de *toda* experiencia.

Es nuestra naturaleza esencial de puro Conocer la que, ajustándose a sí misma en la forma del pensar, parece convertirse en una mente; ajustándose a sí misma en la forma del sentir, parece convertirse en un cuerpo, y ajustándose a sí misma en la forma del ver, oír, tocar, gustar y oler, parece convertirse en un mundo; pero nunca es ni conoce nada –ni se convierte en nada– que no sea ella misma.

La apertura a toda experiencia no es algo que nosotros, como Consciencia, *hagamos*; es lo que *somos*.

El pensamiento parece conocer un sujeto (el que conoce) y un objeto (lo conocido), pero el Conocer conoce únicamente el Conocer. *Somos* ese Conocer, y de este modo todo lo que conocemos es únicamente nuestro Yo.

El amor es la disolución del «yo» que ama y del «otro» que es amado. Es el colapso del estar relacionado y la aparición de la intimidad.

La felicidad o la paz es la ausencia de resistencia y búsqueda. Es la condición natural y eternamente presente de nuestro Yo, la Consciencia, en todas las situaciones y bajo cualquier circunstancia.

En su núcleo, el yo separado es un retraimiento de la intimidad con toda experiencia, de la apertura a toda experiencia.

Nuestra naturaleza esencial de puro Conocer no conoce nada separado de sí misma y, por lo tanto, no conoce un yo, objeto, ser o mundo separado; un yo, objeto, ser o mundo separado es tal únicamente desde el punto de vista ilusorio de un yo separado.

No seas un yo interno escuchando un sonido externo; sé tan solo el escuchar. No seas un yo interno mirando un mundo externo; sé tan solo el mirar.

No existe un conocedor de la experiencia ni una experiencia que sea conocida; existe tan solo el conocerla. De hecho, ni siquiera es conocer-«la»; nunca encontramos el «la»; tan solo conocemos el Conocer, y es el Conocer el que conoce únicamente el Conocer.

La devoción es el amor dirigido hacia un «otro». Despojada de ese «otro», nuestra devoción no encuentra nada hacia lo que dirigirse y, como resultado, vacila por un momento, fluye de vuelta a su fuente y se yergue revelada como puro amor.

La atención es la Consciencia dirigida hacia un objeto. Despojada de ese objeto, la atención no encuentra nada a lo que aferrarse, tiembla por un momento, fluye de vuelta a su fuente y se yergue revelada como pura Consciencia.

Somos la luz del puro Conocer que impregna toda experiencia. Quédate con eso, como eso. Sé y conoce solamente eso.

Rupert Spira

Hay tres posibilidades en la vida: ser algo, ser nada o ser todo. En la primera hay sufrimiento, en la segunda hay paz y en la tercera hay felicidad y amor.

No hay distancia ni separación entre el mundo y nuestra experiencia de él, ni entre la experiencia y nuestro Yo.

Cuando el «allí» se disuelve, el «aquí» se revela. Cuando el «aquí» se disuelve, Yo, la Consciencia, permanezco.

El pensamiento dice que el cuerpo y el mundo son sólidos, duraderos y sustanciales, y que nuestra naturaleza esencial de pura Consciencia es pasajera e insustancial. De hecho, es la Consciencia la que es sustancial y está eternamente presente, mientras que todo lo que conocemos del cuerpo y el mundo es un flujo siempre cambiante de sensaciones y percepciones. De este modo, la realidad que el pensamiento atribuye al cuerpo y el mundo pertenece propiamente tan solo a la Consciencia.

Todo lo que siempre hemos deseado –paz, felicidad y amor–, se encuentra en el corazón de toda experiencia, siempre disponible, en cualquier circunstancia.

Nunca deseamos verdaderamente un objeto por sí mismo; deseamos tan solo estar libres de la agitación de la resistencia y el buscar que nos sumerge en el tiempo y nos lleva lejos del Ahora. Así, todo lo que siempre hemos deseado en realidad es no tener deseos.

Yo, la luz del puro Conocer, no conozco un yo, objeto, ser o mundo como tales; veo o conozco tan solo la indivisible e innombrable intimidad del Experimentar.

No es necesario librarse de un yo separado sino más bien ver que no hay ningún yo separado.

Desde el punto de vista de un yo separado, hay cautiverio y liberación, ocultamiento y revelación, búsqueda y descubrimiento, desconocimiento y conocimiento. Pero desde el punto de vista de Mí mismo, pura Consciencia, nunca caigo en cautiverio y por lo tanto nunca soy liberado; nunca estoy oculto de Mí mismo y por lo tanto nunca soy revelado; no puedo ser perdido y por lo tanto no puedo nunca ser encontrado; nunca soy desconocido y por lo tanto no necesito ser conocido de nuevo.

Hablar de la Unidad es ya decir demasiado. Por lo tanto, en su sabiduría y humildad, los antiguos sabios tan solo dijeron que la Realidad es «no dos».

Conoce tu Yo como el Conocer en todo lo que es conocido.

Pregúntate qué es lo que nunca ha sido ni podrá ser separado de ti mismo y permanece con eso, como eso.

Rupert Spira

La iluminación es el fin de un proceso –pensarse y sentirse a uno mismo como un yo separado y limitado– pero el comienzo de otro –el reajuste del cuerpo, la mente y el mundo con esta nueva comprensión experiencial.

El yo separado es como un personaje de una película que recorre el mundo viajando en busca de la pantalla.

El pensamiento ni conoce ni puede conocer la Realidad, y sin embargo está hecho de ella.

El cielo no necesita librarse de las nubes para ser el cielo abierto y vacío; la pantalla no necesita librarse de una imagen para ser la pantalla transparente. Nuestro Yo, la Consciencia, no necesita librarse de ninguna apariencia de la mente, el cuerpo o el mundo para descansar en y como ella misma.

Desde el punto de vista de la Tierra, el Sol brilla con distintos grados de intensidad, pero desde su propio punto de vista, siempre brilla con la misma intensidad. Del mismo modo, desde el punto de vista de la mente, hay varios grados o estados de la Consciencia, pero desde el punto de vista de la propia Consciencia, que es el único punto de vista real, no hay distintos grados, niveles o estados de sí misma; siempre está brillando, sin disminución, sin mancha, sin ser oscurecida por ninguna experiencia del cuerpo, la mente o el mundo, conociendo y siendo eternamente tan solo su propia plenitud.

Si ponemos nuestra felicidad en un objeto, sustancia, actividad, relación o estado intermitente, estamos, por definición, asegurándonos la infelicidad.

El pasado está hecho de recuerdos; el futuro, de imaginación. Ninguno de los dos tiene existencia alguna fuera del ámbito del pensamiento.

El pensamiento tiene su hogar en Mí, la Consciencia, pero yo no tengo mi hogar en él.

Todo lo que conocemos es conocido mediante la Consciencia; por lo tanto, nuestro conocimiento de algo es únicamente tan bueno como lo sea nuestro conocimiento de la Consciencia. Si creemos que la Consciencia es limitada, la experiencia aparecerá en concordancia con esa creencia como una sucesión de objetos e individuos limitados y finitos; si comprendemos que la Consciencia es eterna e infinita, todos y todo se revelará de ese modo.

En inglés Yo se dice «I»; «i» de indivisible, infinito, íntimo e inocente. Es la sustancia de toda experiencia.

Nuestra naturaleza esencial de pura Consciencia no tiene planes para la mente, el cuerpo o el mundo. Es como el espacio vacío, permitiendo completamente y sin embargo indiferente a lo que sea que aparece en su seno. No obstante, no se trata de una fría y distante indiferencia; le aporta su sustancia, absoluta e íntimamente, a lo que sea que aparece en ella. Como tal, es una indiferencia amorosa. Sé conscientemente esta amorosa indiferencia.

El yo separado es el rechazo del Ahora; Yo, la Consciencia, estoy enamorado del Ahora. De hecho, *soy* el Ahora.

Toda apariencia es un acto de creación impersonal. Ver esto claramente nos libera de todo sentimiento de culpa en nosotros o en los demás, de todo juicio o responsabilidad. Sin embargo, esta comprensión no lleva a un comportamiento irresponsable o frío. Al contrario: capacita a la mente y al cuerpo para actuar en nombre del amor y la inteligencia impersonales, en vez de representando los miedos y demandas de un yo inexistente.

Todo lo que se conoce de una mente, cuerpo o mundo son pensamientos, sensaciones y percepciones. Todo lo que se conoce de los pensamientos, sensaciones y percepciones es el pensar, el sentir y el percibir. Todo lo que se conoce del pensar, el sentir y el percibir es el propio conocerlos. De este modo, todo lo que siempre se conoce es el Conocer, y es únicamente el propio Conocer el que conoce.

El pensamiento no conoce la verdad; se disuelve en ella. El sentimiento no encuentra el amor; se funde en él. La percepción no ve la belleza; muere en ella.

La felicidad es lo que somos, no lo que conocemos; la infelicidad es lo que conocemos, no lo que somos.

Nuestra naturaleza esencial de pura Consciencia está absolutamente rendida a toda experiencia. Es pura inocencia, apertura, intimidad, sensibilidad y disponibilidad, puro permitir, un «Sí» incondicional a toda experiencia tal y como es momento a momento, sin juicio ni preferencia.

Desde un punto de vista, la mente, el cuerpo y el mundo ocultan la presencia de la Consciencia, pero desde otro brillan con ella, al igual que una imagen puede ser vista como algo que oculta la pantalla o como algo que la pone de manifiesto.

La Realidad brilla como Consciencia en el Yo, y como Existencia en el mundo.

Tan solo un yo aparentemente interno conoce un objeto, ser o mundo aparentemente externo, pero Yo, la luz del puro Conocer, me conozco únicamente a Mí mismo.

Todo pertenece a todo; todos pertenecemos a todos.

Nuestro Yo, la luz del puro Conocer, nunca encuentra, conoce o entra en contacto nada más que consigo mismo. Esa es la experiencia del amor y de la belleza.

Una vez que el deseo es liberado de la necesidad de producir felicidad para un yo inexistente, se revela como un juego de energías que expresa, comparte y celebra la felicidad misma.

El pensar, el sentir y el percibir están hechos de puro Conocer, pero el Conocer no está hecho de pensar, sentir o percibir.

No permitas que el pensamiento divida el amar en el que ama y lo amado, el sentir en el que siente y lo sentido, el ver en el que ve y lo visto, el oír en el que oye y lo oído, el tocar en el que toca y lo tocado, el gustar en el que gusta y lo gustado, el oler en el que huele y lo olido, ni el pensar en el que piensa y un pensamiento.

Como el trasfondo testigo de toda experiencia, nuestra naturaleza esencial de pura Consciencia está inherentemente libre de todas las cosas; como la sustancia de toda experiencia, es íntimamente una con todas las cosas.

Desde el punto de vista del pensamiento finito, todas las cosas son finitas. Desde el punto de vista de Mí mismo, Consciencia infinita, todas las cosas aparentes son infinitas.

La felicidad y la entidad separada son mutuamente excluyentes.

La experiencia no es experimentada por algo externo, separado o distinto de sí misma; nunca entra en contacto con nada que no sea sí misma, tal como un objeto, yo o mundo separado y con existencia independiente. La experiencia tan solo se experimenta a sí misma –una totalidad innombrable e indivisible, simultáneamente conociendo y siendo únicamente ella misma.

El amor es la condición natural de toda experiencia antes de que el pensamiento la haya dividido en una multiplicidad y diversidad de objetos, yoes y seres.

El yo que busca la Consciencia es como una sombra que busca el sol.

Cada vez que nos encontremos reaccionando a algo o a alguien, podemos preguntarnos en nombre de quién estamos reaccionando; casi siempre encontraremos que es en nombre de un yo inexistente.

Toda experiencia tiene lugar en nuestro Yo, pura Consciencia, y lo único que hay en nuestro Yo con lo que pueda ser hecha la experiencia *es* nuestro Yo. Por lo tanto, al igual que en una película no hay nada presente aparte de la pantalla, así en nuestra experiencia no hay nada más presente aparte de nuestro Yo. La pura Consciencia *es* toda experiencia, y toda experiencia *es* la pura Consciencia.

Es nuestro Yo, la Consciencia luminosa, abierta y vacía, el que le da a la experiencia su realidad inconfundible. Lo que verdaderamente conocemos y amamos en toda experiencia es la realidad de la Consciencia. Es únicamente eso lo que el yo aparentemente separado anhela.

Yo, la luz del puro Conocer, ni puedo conocer ni conozco nada que no sea Yo mismo.

Para el pensamiento, el conocimiento de un objeto tiene lugar «aquí» y el ser o existencia de un objeto tiene lugar «allí». Pero para la Consciencia, el Conocer y el Ser son uno.

La cualidad «soy» del Yo es la cualidad «es» de las cosas.

Si sustituimos el impulso de evitar los sentimientos incómodos por el deseo de afrontarlos y explorarlos profundamente, encontraremos en su corazón exactamente lo que estábamos buscando al intentar evitarlos.

Sitúate en ninguna parte; encuéntrate en todas partes.

Individualidad quiere decir no dividido. Cada cuerpo y cada mente son una expresión única de la totalidad no dividida y florece cuando somos liberados de la camisa de fuerza de la ignorancia –es decir, cuando dejamos de ignorar nuestra naturaleza esencial de pura Consciencia.

La felicidad es simplemente permitir que todo sea exactamente como es momento a momento.

Desde el punto de vista limitado de un cuerpo, nuestra naturaleza esencial de pura Consciencia parece limitada; desde el punto de vista temporal de una mente, parece temporal; en ausencia de punto de vista, es como es, ni limitada ni temporal.

La mente que busca la felicidad es como una ola que busca el agua.

La seguridad y la felicidad no se pueden hallar en nada que aparezca y desaparezca. Encuentra en tu experiencia eso, sea lo que sea, que no aparece, no se mueve, no cambia ni desaparece, y pon tu identidad, seguridad y felicidad tan solo en eso.

La no dualidad no es una inmunización contra los sentimientos. De hecho, es lo contrario: es apertura, sensibilidad, vulnerabilidad y posibilidad incondicionales.

El pensamiento ha tomado la realidad eternamente presente que propiamente me pertenece a mí, la Consciencia, y la ha superpuesto sobre la mente, el cuerpo y el mundo. Devuélveme lo que con razón me pertenece a mí, y todo volverá a estar en el lugar adecuado.

Así como lo que hace que un collar sea un collar es un hilo invisible que enlaza unos con otros muchos abalorios, así es la única, invisible y eternamente presente realidad de la Consciencia, que proporciona coherencia y continuidad a las muchas percepciones, formando con ellas un mundo aparentemente independiente y permanente.

La pura intimidad, dividida por el pensamiento, se convierte en un yo y un mundo.

La función del artista es transmitir a la Humanidad la más profunda experiencia de la Realidad; el arte es recuerdo, es amor, es como una espada que discrimina y separa las apariencias de la Realidad, o como una cuna que nos hace recordar nuestro hogar.

Una vez que el cuerpo ya no es gobernado por la tiranía de un yo separado, regresa gradualmente a su estado natural de paz, apertura, transparencia, disponibilidad, sensibilidad y amor.

La felicidad no es una experiencia que Yo, la Consciencia, *tengo*; es lo que *soy*.

La felicidad es simplemente el conocimiento de nuestro propio Ser –la condición natural, innata y sin esfuerzo de nuestro Yo cuando deja de ser arrastrado a un pasado imaginario o proyectado en un futuro imaginario mediante la resistencia y la búsqueda.

Todo lo que conocemos de la mente, el cuerpo o el mundo es el Experimentar, y el Experimentar es tan íntimo y cercano que es indistinguible de nuestro Yo.

El amor no conoce otro. La belleza no conoce objeto.

No es necesario deshacerse de pensamientos, imágenes e ideas; tan solo deja de extraer tu sentido de identidad de ellos.

El tiempo es creado por el pensamiento para acomodar la actividad de buscar/resistir del imaginario yo separado.

Permite que los pensamientos y los sentimientos tengan su morada en ti, pero no tengas tu morada en ellos.

Lo que anhelamos es el espacio de la Consciencia en el que todo anhelar tiene lugar. De hecho, es incluso más cercano que eso; lo que anhelamos está en sí mismo tomando la forma de nuestro anhelar.

Yo, la luz del puro Conocer, soy a la experiencia lo mismo que la pantalla es a la imagen.

El puro Conocer, sin un sujeto que conozca ni un objeto que sea conocido, es lo que *somos*, no lo que *hacemos*. De este modo, para nuestro Yo, conocer es ser y ser es conocer.

Como entidad separada, uno siempre se siente solo y, como tal, la vida consiste en aliviar el dolor de esta soledad mediante sustancias, objetos, actividades o relaciones. Como Consciencia, uno también está solo, pero únicamente en el sentido de que no hay otros de los que estar separado o con los que ser uno. Esta es la soledad del amor.

El propósito último de la evolución es llevar la atención a eso que no evoluciona.

Los cuerpos y las mentes no tienen Consciencia; la Consciencia tiene cuerpos y mentes.

En el fondo de la mente hay una puerta con las palabras «Yo Soy» escritas sobre ella. Primero dirígete hacia esa puerta; después atraviésala. Dirigirse a ella es una actividad de la mente; atravesarla es la disolución de la mente. Esa disolución es la revelación de nuestra naturaleza esencial como Consciencia eternamente presente e ilimitada, la morada de la paz, la felicidad y el amor.

La Consciencia observa; el pensamiento juzga.

Todo amor es amar al Yo; todo anhelo es anhelar un objeto.

Hay dos respuestas posibles al sufrimiento: una, dirigirse hacia fuera en búsqueda de alivio en un objeto, sustancia, actividad, relación o estado; la otra, dirigirse hacia dentro al corazón de nuestro Ser. La primera puede proporcionar alivio temporal, pero la segunda es la morada de la paz y la felicidad duraderas.

La felicidad aparece como deseo cuando es velada; el deseo es revelado como felicidad cuando es satisfecho.

En la ignorancia, soy lo conocido; en la comprensión, soy el conocedor; en el amor, soy el puro Conocer.

Como la presencia testigo de la Consciencia, nos situamos en el trasfondo de la experiencia; como la luz del puro Conocer, nos situamos en su corazón.

En el corazón de la experiencia hay un fuego que consume todo lo que conocemos. Ofrécele todo a ese fuego. Lo que queda –las cenizas del amor– es aquello que hemos anhelado toda nuestra vida.

Índice